EL latido del balón

Por: Ezequiel Barbosa Fernandes

El césped canta al rodar el balón,
Con cada pase un sueño en acción,
Goles que gritan, pasión desatada,
noventa minutos, La gloria esperada.

Valores del fútbol

El fútbol es más que goles y victorias,

Es una escuela de
humildad y glorias.
No importa el resultado,
ni el
marcador,
Lo que cuenta es jugar
con corazón y amor.

El respeto al rival es
esencial,
Es lo que nos hace un
equipo leal.
En la cancha, todos
somos iguales,

No hay lugar para peleas
ni malos detalles.

La amistad se forma en
cada pase,
Y el trabajo en equipo
nunca se deshace.
Cuando uno cae, los
demás levanta, Y juntos,
la victoria no se aguanta .

El fútbol nos enseña a ser
valientes,

A   luchar siempre, aunque estemos ausentes.

Es un juego de honor, de fuerza y valor,

En el campo, somos hermanos, ¡un solo amor!

Trabajo en equipo

En el campo jugamos todos juntos,
Cada uno tiene un papel y por eso disfruto.
El balón pasa de pie a pie,
Porque en equipo,
¡todo puede ser!

No importa si soy el goleador,
Si el pase es bueno, es un gran honor. El defensor lucha, el arquero está

firme, En cada jugada, todo es sublime.

Cuando uno cae, el otro se levanta, Cuando el juego se enreda, la mente avanza .
El fútbol no es solo de uno, es de todos, Trabajamos como amigos, es un juego.

El equipo es mi fuerza, mi gran motor, Somos más felices , es lo mejor. Cada pase, cada esfuerzo, cada unión, Es la clave que nos lleva a la victoria con corazón.

El balón y yo

pequeño, mi

Desde

sueño

empezó, Con un balón, la magia nació.

Lo pateé en la calle, en el parque, en la arena, Y sentí su ritmo como un poema.

A veces lo abrazo, a veces lo guío,
Con cada toque, mi corazón va encendido.
Es mi amigo fiel, nunca me falla,

Con él aprendo, con él tengo la batalla.

Si llueve, jugamos; si hay sol, también, El balón y yo, no hay nada que hacer.
Nos entendemos con solo un toque, Mi fiel compañero, mi sueño, mi enfoque.

Mi primer partido

Los nervios me invaden,
el silbato suena,
Es mi primer partido, la
emoción me llena. Las
gradas se agitan, mi
equipo me anima,
El balón rueda, ¡es hora
de la rima!

Corro ligero, el viento me
empuja,
Siento la cancha, su
magia me embruja.

Recibo el pase, levanto la vista,
Pateo con fuerza, ¡la pelota está lista!

El arquero salta, pero el balón va,
Cruza la línea, ¡y la red va a temblar!
Un grito gigante, abrazos sin fin,
Mi primer partido... ¡es un gol para mí!

<u>El balón que sueña</u>

En la cancha, rueda el
cuero,
Baila al ritmo del
campeón,
Sueña con un gol
eterno,
Que vive en cada
corazón.
Cada pase es una
historia,
Cada chute, una
ilusión,

Y en el aire de la gloria
Late fuerte el balón.

Magia en los pies

Corre el niño, pisa el pasto,
Un regate y te paso, Con destreza y entusiasmo,
A la portería que puntazo.

No es solo un juego, es arte,
Es pasión y es emoción,
Cuando el alma pone el pase,
Va al destino, con intención.

El equipo unido

No se juega solo, amigo,

Es el fútbol unión y paz,
Cuando juntos damos todo,
Nadie nos podrá parar.

Si caemos, nos levantan,
Si anotamos, ¡a gritar!,
Porque gana quien se esfuerza y no deja de soñar.

La cancha mágica

Cuando entro a la cancha, todo cambia, El mundo se vuelve un sueño, El césped brilla, el balón reluce,
La emoción del juego nunca se reduce.
Es un escenario donde todo es posible, Donde un pase preciso se vuelve increíble.

Cada línea dibuja una gran aventura, Donde el fútbol nos da su ternura.

Aquí se lucha, aquí se aprende, Con cada jugada, el alma se enciende.
Porque la cancha no es solo un lugar,
Es un mundo mágico donde quiero estar.

Amigos en el equipo

El fútbol no es solo correr y chutar,

Es aprender a juntos jugar.
No importa quién mete el gol final,
Lo que cuenta es luchar.

Si un amigo cae, lo ayudo a levantar,
Si falla un pase, le vuelvo a hablar.
En cada jugada, en cada ocasión,

Somos un equipo de corazón.

A veces ganamos, otras perdemos,
Pero en la cancha siempre aprendemos.
Nos damos la mano, nos damos valor, Jugamos con alma, con fuerza y honor.

Porque el fútbol no es solo un partido, Es

compartir un sueño querido.
Con risas, esfuerzo y gran emoción, Somos un equipo,
¡somos pasión!

El gol soñado

El balón vuela por el aire, todo el estadio vibra.
Lo golpeo fuerte con emoción,

Mis amigos saltan de
alegría,
la aficíon grita con
energía.
En mi pecho late el
corazón,
¡qué hermoso es el
fútbol, qué gran
pasión!

El césped canta al rodar
el balón,
Con cada pase un
sueño en acción,

Goles que gritan,
pasión desatada noventa
minutos, la gloria
esperada.
El árbitro señala el
centro,
Mis compañeros
corren contentos.
Nos abrazamos,
chocamos las manos,
Este momento es puro y
humano.

Recuerdo cuando era pequeño,
Jugaba en la calle con gran empeño. Soñaba con goles, con ser campeón, Con darlo todo en cada ocasión.

Hoy mi sueño se ha hecho real,
Este gol es algo especial.
Pero lo mejor, lo más querido,

Es jugar con amigos,
siempre unidos.

El regate veloz

Con el balón en mis
pies, me siento ligero,
Esquivando rivales, soy
un delantero .
Un regate, voy de un lado
a otro,
El defensor ya no sabe a
dónde voy, eso es un
alboroto .

Acelerando, cambio de dirección,
Un toque rápido, ¡ahí va la acción!
Los rivales me miran, pero no pueden ver, El regate es mi arma, mi poder.

Con el balón me siento volar,

Una jugada maestra, no hay tiempo que perder, hay que intentar.
El público se levanta, empieza a aplaudir, Un regate perfecto, ¡es hora de seguir!

No importa la presión
ni el lugar,
El regate fluye, como el viento en el mar.

Sigo jugando, con ritmo y destreza, El regate es mi sello, mi mayor fortaleza.

El balón y el viento

Sopla el viento en el estadio,
Corre el niño tras su pie,
El balón, como un cometa,
Va danzando sin caer.

Salta, gira, se desliza, Va
en camino hacia el
gol,
Y en la brisa se oye un
grito:
"¡Es campeón es
campeón !"

Sueño de gol

Soñé que hacía un gol
hermoso,
Una chilena de

campeón, Volaba alto,
como un ángel,
Y la pelota entró en
acción .

Desperté y fui a la
cancha,
Quise hacerlo de
verdad,
Descubrí que en cada
intento
Mi talento que
brillaba.

Guantes de gigante

Bajo el arco está el gigante,
Manos fuertes, gran visión,
Cada chute es un reto
Que detiene sin temor.

Vuelo alto, me estiro fuerte,
Toco el cielo en un parón,
Ser portero es un orgullo,
Soy el muro del balón.

El pase perfecto

El balón en mis pies, con calma lo toco,
Muevo la pierna, preciso.
Con un pase suave, lo hago volar, Y mi compañero lo va a recibir sin dudar.

El pase perfecto no es cuestión de azar,

Es saber a dónde, cuándo, y cómo pasar. Es mirar al compañero, conocer su ritmo, En el fútbol, el pase es el verdadero, tiene todo un mecanismo.

A veces corto, a veces largo,
El balón sigue su curso sin embargo. Es como un mensaje en
el aire,

Un pase certero y que no me falle.

Y cuando la jugada se vuelve fina, El pase perfecto es la clave divina.
Con precisión, con calma y sin error, El pase es mi arte, mi mejor labor.

La magia del balón

Un balón en mis pies, todo puede pasar, Puede ser un gol, o un regate sin igual.
En cada pase, en cada control,
El fútbol es magia, es mi verdadero rol.

Desde Brasil a España, historia por contar,
Jugadores brillantes que

nos hacen soñar. Pelé, Messi, Ronaldo y Neymar, con su arte son lo mejor, Iniesta y Xavi, pasión y esplendor.

El balón no entiende de fronteras,
En cualquier parte, da sus sorpresas. Una jugada que te hace
volar,
El fútbol tiene magia, ¡es un lugar especial!

Y así cada partido se vuelve un sueño,
Un viaje increíble, con gran esfuerzo y empeño.
Porque el fútbol, con su balón fiel,
Es un deporte que no tiene igual en el cielo y también lo tenemos en la piel.

ACTIVIDADES

Completa la rima futbolera

Completa las siguientes frases con las palabras correctas.

El balón rueda por el campo y __________ (vuela/cae).

El portero detiene el

_________________ (balón/gol).

Mi equipo y yo siempre jugamos con

____

(fuerza/respeto).

Agradecimientos

El latido del balón ha sido un viaje apasionante, como un partido lleno de emoción y aprendizaje.

A los niños y niñas que sueñan con el fútbol, que corren tras el balón con ilusión y nos recuerdan que este deporte es pura magia.

A los entrenadores, maestros y familias que enseñan que más allá de ganar o perder, el verdadero valor del fútbol está en el esfuerzo, el compañerismo y la pasión.

También agradezco a quienes han compartido conmigo su amor por este deporte.
A todas las personas que creen en la poesía como una forma de transmitir emociones y valores.

Que cada página les haga sentir la alegría de un gol,

la emoción de un pase perfecto y la fuerza de un equipo unido.

IMPORTANTE PARA
DEPORTISTAS

NUTRICIÓN SALUDABLE

INTRODUCCIÓN

La alimentación es uno de los pilares fundamentales de la salud. Una buena nutrición nos ayuda a prevenir enfermedades, mantener un peso adecuado y tener energía para nuestras actividades diarias. Sin embargo, en la actualidad, hay mucha información contradictoria sobre qué es una alimentación saludable. Vamos entender los principios básicos de la nutrición y cómo aplicarlos en tu vida diaria.

En este recorrido, desmentiremos mitos, explicaremos cómo leer etiquetas de los alimentos y proporcionaremos consejos prácticos para mejorar tu alimentación sin necesidad de dietas extremas.

CAPÍTULO 1: PRINCIPIOS BÁSICOS

<u>DE LA NUTRICIÓN</u>

La nutrición es el proceso mediante el cual nuestro cuerpo obtiene los nutrientes necesarios para su funcionamiento. Estos nutrientes se dividen en:
Macronutrientes: la base de la
alimentación

Proteínas: Son esenciales para el crecimiento y reparación de los tejidos. Se encuentran en alimentos como carne, pescado, huevos, legumbres, tofu y frutos secos.

Carbohidratos: Son la principal fuente de energía. Existen carbohidratos complejos (avena, arroz integral, legumbres) y simples (azúcares refinados). Se recomienda priorizar los complejos.

Grasas: Son necesarias para el funcionamiento del cerebro y la producción de hormonas. Se dividen en grasas saludables (aguacate, frutos secos, aceite de oliva) y grasas no saludables (frituras, bollería industrial).

Micronutrientes: vitaminas y minerales

Vitaminas: Aportan múltiples beneficios. Por ejemplo, la vitamina C fortalece el sistema inmunológico y la vitamina D es clave para la salud ósea.

Minerales: Elementos como el calcio, el hierro y el magnesio son fundamentales para el cuerpo.

1.3 La importancia de la hidratación

El agua es esencial para el buen funcionamiento del organismo. Se recomienda beber entre 1.5 y 2 litros al día, aunque esta cantidad puede variar según la actividad física y el clima.

CAPÍTULO 2: CONSTRUYENDO UNA DIETA SALUDABLE

Cómo equilibrar los grupos de alimentos

Una alimentación saludable debe incluir:

Verduras y frutas en cada comida.

Proteínas de calidad (huevo, pescado, carnes magras, legumbres).

Carbohidratos integrales en porciones moderadas.

Grasas saludables en cantidades controladas.

Tamaño de las porciones y control del apetito

No se trata solo de qué comemos, sino también

de cuánto. Algunas estrategias para controlar las porciones son:

Usar platos más pequeños.

Comer despacio y prestar atención a la sensación de saciedad.

Evitar distracciones como la televisión mientras se come.

2.3 La importancia de la fibra en la dieta

La fibra ayuda a mejorar la digestión y aporta saciedad. Se encuentra en cereales integrales, legumbres, frutas y verduras.

CAPÍTULO 3: ALIMENTACIÓN PARA DIFERENTES ETAPAS DE LA VIDA

Niños y adolescentes

Necesitan una alimentación rica en calcio, proteínas y hierro para su desarrollo.

Evitar el exceso de azúcar y comida ultra procesada.

Adultos y deportistas

Balance entre proteínas, carbohidratos y grasas saludables.

Hidratarse

adecuadamente y evitar bebidas azucaradas.

3.3 Tercera edad

Priorizar alimentos ricos en calcio y vitamina D.

Mantener una hidratación constante y consumir fibra para una mejor digestión.

CAPÍTULO 4: CÓMO LEER ETIQUETAS DE ALIMENTOS

4.1 Ingredientes a evitar

Azúcar añadido en exceso.

Grasas trans y aceites hidrogenados.

Exceso de sodio.

4.2 Diferencia entre alimentos procesados y ultra procesados

Los alimentos procesados han sido modificados mínimamente (como el pan integral).

Los ultra procesados contienen muchos

aditivos y suelen ser menos saludables (bollería, snacks industriales).

4.3 Azúcares ocultos y grasas trans

El azúcar puede aparecer bajo nombres como jarabe de maíz, fructosa o malto dextrina. Es importante leer la etiqueta para evitar excesos.

Capítulo 5: ESTRATEGIAS PARA UNA ALIMENTACIÓN SALUDABLE

5.1 Planificación de comidas y compras inteligentes

Hacer una lista de compras con alimentos frescos.

Evitar ir al supermercado con hambre para no caer en tentaciones.

5.2 Preparación de alimentos de manera saludable

Cocinar al vapor, al horno o a la plancha en lugar de freír.

Usar especias naturales en lugar de salsas industriales.

5.3 Opciones rápidas y saludables para el día a día

Desayuno: Yogur natural con avena y frutas.

Almuerzo: Ensalada de quinoa con pollo y aguacate.

Cena: Crema de verduras con pescado a la plancha.

CAPÍTULO 6: RELACIÓN

<u>ENTRE LA ALIMENTACIÓN Y LA SALUD</u>

6.1 Nutrición y prevención de enfermedades

Una dieta equilibrada ayuda a prevenir obesidad, diabetes tipo 2 y enfermedades cardiovasculares.

6.2 Impacto de la alimentación en el bienestar mental

Comer de manera equilibrada mejora el estado de ánimo.

Evitar el exceso de cafeína y alcohol ayuda a reducir la ansiedad.

6.3 Mitos sobre dietas y tendencias alimenticias

No todas las grasas son malas.

No es necesario eliminar los carbohidratos para perder peso.

Las dietas milagro no funcionan a largo plazo.

CONCLUSIÓN Y RECOMENDACIONES FINALES

Alimentarse bien no significa seguir dietas estrictas, sino aprender a equilibrar los alimentos y hacer elecciones conscientes. Pequeños cambios pueden hacer una gran diferencia en nuestra salud y bienestar.

Consejos finales:

Prioriza alimentos naturales y frescos.

Mantén una hidratación adecuada.

Sé constante, la clave está en la moderación y el equilibrio.

Autor : EZEQUIEL BARBOSA FERNANDES

Editorial: BoD · Books on Demand, Calle de Manzanares, 4, 28005 Madrid, bod@bod.com.es
Impresión: Libri Plureos GmbH, Friedensallee 273, 22763 Hamburg (Alemania)
ISBN: 978-84-1326-537-7